CREALIBRI è un marchio EDICART Style
Via Jucker, 28 - Legnano (MI) - Italia
Testi di *Mariella Panzeri*
Illustrazioni di *Silvia Colombo*

Stampato in Italia
www.edicart.it

SUPERCANI

storie di eroi a quattro zampe

CreaLibri

NEBBIA
IL GIGANTE DELLA MONTAGNA

Nella fattoria fra i pascoli, dove nonno Tobia con la sua famiglia alleva mucche e produce il suo buon formaggio, vive Nebbia, un vecchio San Bernardo.

È un gigante di quasi cento chili, dal pelo bianco e marrone rossiccio.
Ha ormai dieci anni e si gode un meritato riposo, dopo tante avventure!

Era nato nell'allevamento lassù, sul colle del Gran San Bernardo, fra le montagne rocciose, dove volano le aquile, dove in inverno cadono metri e metri di neve, dove il laghetto verde azzurro gela fino a primavera.

Lassù in estate quando la neve si scioglie, le marmotte escono dalle tane con i loro piccoli, le lepri bianche saltellano tra i prati, cosparsi di pietre e cespugli, e gli stambecchi scendono più a valle in cerca di erba fresca.

Nonno Tobia aveva scelto Nebbia, tra gli altri cuccioli, per il suo aspetto tranquillo e per lo sguardo buono dei suoi occhi nocciola.
- Oltre a fare la guardia, diventerà un ottimo compagno di giochi per i miei nipoti - aveva pensato.
Non immaginava che sarebbe diventato anche un eroe!

Arrivato alla fattoria, Nebbia si era mostrato subito paziente con tutti i familiari e protettivo, soprattutto con i bambini, che accarezzavano il suo pelo corto e il testone dal muso quadrato.
- Bellooo! Vieni qui! - lo chiamavano.

Lui rispondeva con leccatine affettuose e bavose e dimenava allegramente la lunga coda, folta e robusta. A volte i piccoli cercavano di salirgli in groppa, come fosse un cavallo, ma nonno Tobia non voleva e li sgridava: - Non così! Gli fate male alla schiena!

Era cresciuto in fretta, alto e muscoloso.
Amava gli spazi aperti intorno alla fattoria, dove correva e si divertiva con i nipotini a rincorrere la palla.
- Dai, prendi! Qui! Riporta! - comandavano i piccoli.
Nebbia subito ubbidiva.

Dopo le lunghe passeggiate nel verde, erano iniziate le arrampicate in montagna, su per gli stretti sentieri, sempre più in alto.
Il San Bernardo si era dimostrato resistente alla fatica e al freddo.
- Bravo, Nebbia!

Una notte d'inverno si era scatenata una bufera: il vento fischiava e ululava incessante; erano caduti metri di neve.
All'alba una squadra del soccorso alpino aveva bussato alla porta della fattoria.
- Più in cima è caduta una valanga e alcuni alpinisti sono in pericolo!

-Prendo Nebbia! Vengo subito!
Nonno Tobia si era preparato in fretta, aveva messo ai piedi le racchette da neve, aveva preso con sé Nebbia e si era unito ai soccorritori.

Il cane presto si era messo alla guida della squadra.
Tutto era bianco intorno a loro.
Ma Nebbia avanzava sicuro, con le zampe robuste nella neve fresca, evitando i crepacci.
- Bravo, Nebbia! Dai!

Finalmente la squadra era arrivata sul luogo della valanga, che aveva travolto nella discesa anche molti alberi. Il cane aveva fiutato una traccia, poi si era messo ad abbaiare in un punto e aveva cominciato a scavare una galleria nella neve alta.
- Scava! Scava!

Abbaiava e scavava, abbaiava e scavava, insieme ai soccorritori.
Finalmente tre persone erano in salvo!
Nonno Tobia aveva abbracciato orgoglioso il suo cane e al ritorno alla fattoria si era fatta gran festa!
- Bravo, Nebbia! Bravo!

Ora Nebbia si gode la vecchiaia, coccolato e amato da tutti. Va ancora a passeggio e al ritorno si addormenta ai piedi di nonno Tobia, che fuma tranquillo la sua pipa.

CANE DI SAN BERNARDO

Forse discendenti dai grossi mastini utilizzati dall'esercito al tempo degli antichi Romani, questi cani erano certamente presenti, dal 1660 circa, presso i monaci del Colle del Gran San Bernardo, che li impiegavano come cani da guardia, da lavoro e da salvataggio di persone disperse in alta montagna.
La razza, inizialmente a pelo corto, attraverso incroci con il Terranova, oggi presenta una variante a pelo lungo.

Taglia: molto grande; corporatura potente e muscolosa

Peso: maschio da 64 a 80 kg; femmina da 54 a 63 kg

Altezza: maschio: da 70 a 90 cm; femmina: da 65 a 80 cm

Vita media: da 8 a 10 anni

Pelo: lungo o corto

Colori: rosso e bianco, marrone e bianco, tigrato e bianco

Caratteristiche: occhi leggermente cadenti, orecchie pendenti; tendenza a sbavare

Temperamento: amichevole, gentile, vigile, tranquillo, affettuoso, paziente; adatto per famiglie con bambini

Allevato per: ricerca, salvataggio nella neve; facile all'addestramento

Origine: Svizzera

FIDO
LA CACCIA... AL TESORO!

La brina di novembre scintilla nel prato alla luce della luna piena.
È una notte che sa di mistero, adatta a un appuntamento fra streghe... o a una caccia al tesoro!

Dal tramonto del sole, dietro la tenda, l'uomo spia l'arrivo del buio e guarda verso il boschetto, lassù in collina, dove i noccioli e le querce ingiallite hanno ormai perso quasi tutte le foglie.

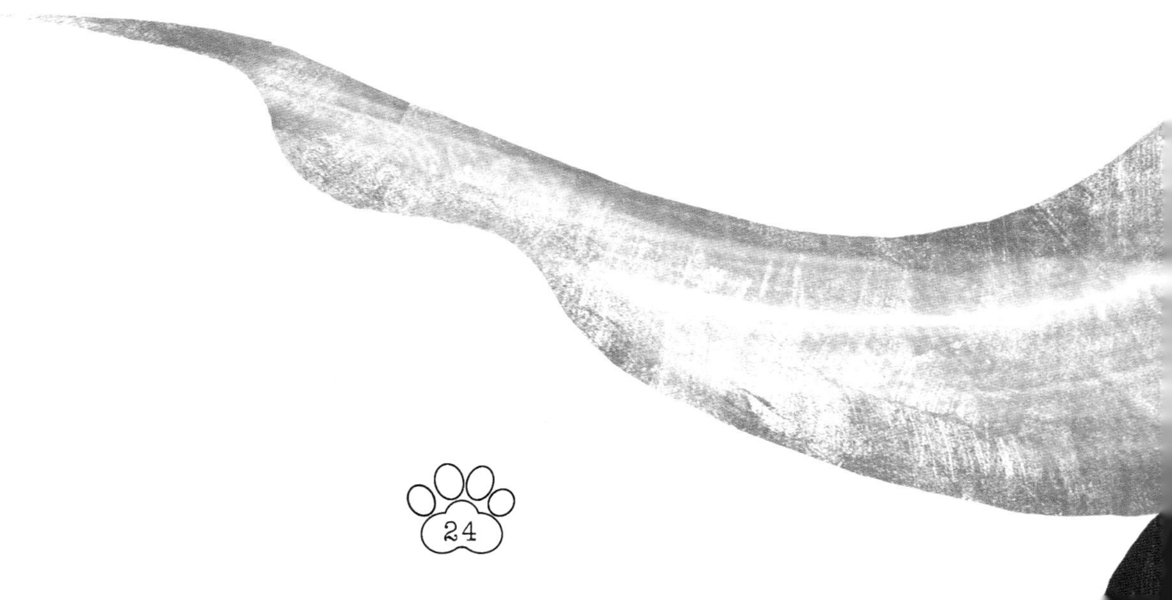

Là, in un punto segreto che solo lui conosce, ogni anno cresce e si nasconde sottoterra un fantastico fungo, prezioso e ricercato, dall'inconfondibile profumo: il tartufo bianco!

Ora sente che è arrivato il momento per andare alla sua ricerca: a nessuno ha svelato il luogo, ma il vecchio calendario, su cui ha annotato i luoghi e i giorni, gli conferma che quella è la luna giusta. Le notti di luna piena sono le migliori!

Novembre
Lunedì
Martedì
Mercoledì
Giovedì
Sentiero del "Nan"
Bosco delle querce
Scarzone
Tartufo bianco pregiato
Per ricerca tartufo bianco
sentiero antico

Per ritrovare il posto avrà bisogno di Fido, uno spinone, suo compagno d'avventure: obbediente, instancabile nelle camminate, dotato di un fiuto infallibile, capace di distinguere il magico odore del tartufo tra i mille del bosco.

Un fischio... e lo spinone, accucciato accanto alla porta, subito con un balzo si drizza sulle zampe robuste, agita la coda, guarda da sotto le sopracciglia cespugliose il suo padrone, pronto a seguirlo.

- Andiamo, Fido!

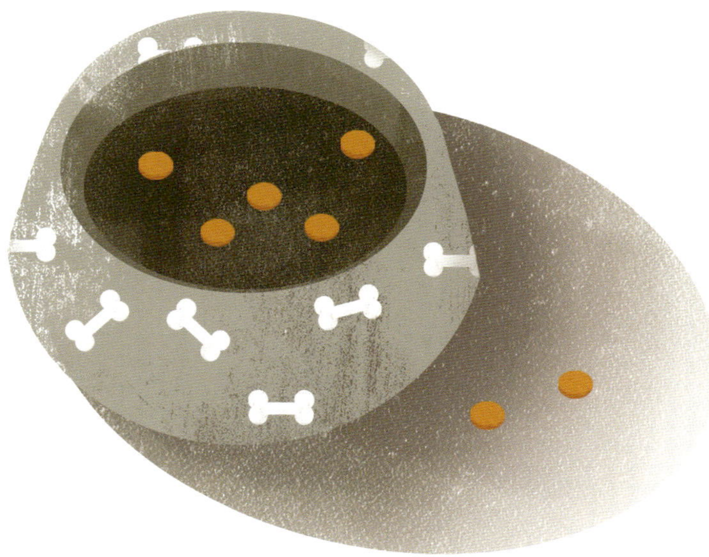

Il tartufaio, in dialetto "trifulau", ha già calzato scarpe robuste. Infila poi nello zainetto il vanghino, con cui scaverà il terreno, ed esce nella notte con il suo amico fedele.
L'uomo sa quali sono i terreni che nascondono "il tesoro", sa riconoscere le piante vicino a cui in passato ha dissotterrato i preziosi funghi.
Sa che, se sarà fortunato, i tartufi si venderanno a peso d'oro.

Insieme cane e padrone si avviano in silenzio verso il luogo segreto: il passo del trifulau è leggero ma sicuro, i suoi gesti sono misurati; ha bisogno di poche e brevi parole per intendersi con il suo compagno di viaggio.

Nel boschetto le foglie secche scricchiolano appena sotto i passi cauti del tartufaio.
Fido, guidato dal suo straordinario olfatto e protetto dal suo pelo fitto e ruvido, fiuta con calma anche tra i rovi, le ortiche ed i cespugli spinosi.
Un movimento rapido, pochi passi più avanti, li blocca all'improvviso: una faina in cerca di cibo, spaventata dalla loro presenza, scappa verso il ceppo di un albero e si nasconde.

La ricerca riprende instancabile nella fredda notte autunnale.
"Cerca! Cerca" - esclama l'uomo.

Lo spinone fiuta e fiuta ancora, finché l'intenso odore del tartufo colpisce le sue narici.
-Dov'è? Dov'è?
Fido inizia a raschiare nel terreno con le sue zampe forti, ma il trifulau teme che il suo amico rovini con le sue unghie il fungo prezioso.
Accarezza il cane, per fermarlo subito: - Non toccare! - e si inginocchia vicino a lui per continuare a raspare delicatamente.

Con i guanti il tartufaio scava, piano piano; con la lama affilata del vanghino taglia alcune radici intrecciate al terriccio, attento ad estrarre intatto dalla terra il bel frutto: se lo rovinerà, non potrà venderlo a prezzo pieno!

Finalmente un odoroso, profumato tartufo bianco occhieggia fra il terriccio smosso!
È sodo, maturo al punto giusto, grosso quasi come un uovo!
Il fungo viene riposto con cura nella tasca dal trifulau, che provvede a ricoprire la buca con la stessa terra, nella speranza che il prossimo anno il miracolo si ripeta.
Il padrone ringrazia Fido con un colpetto sulla schiena ispida: “Bravo!”.

Prima che spunti l’alba, i due riprendono la strada verso casa, in silenzio.

Domani il tartufo, finché è fresco, sarà venduto al mercato, per finire in un gustoso risotto o in un formaggio dal profumo inconfondibile.
Nessuno saprà mai il luogo preciso della ricerca e che cosa si è trovato: il giacimento rimarrà segreto, non sarà confidato a nessuno.
I tartufai, secondo il loro mestiere antico e misterioso, sono gente solitaria e riservata.
Confidano solo nelle lune piene: quelle che regalano i tartufi più buoni!

SPINONE ITALIANO

Conosciuto anticamente come “griffone”, cane da caccia a pelo duro, lo spinone è stato raffigurato fin dal Rinascimento da grandi pittori (Mantegna - Camera degli Sposi a Mantova).
Per l’espressione pensierosa degli occhi ed il carattere riflessivo è soprannominato “cane poeta” o “filosofo”.

Taglia: medio grande; corporatura atletica e muscolosa

Peso: maschio da 33 a 38 kg; femmina da 28 a 32 kg

Altezza: maschio da 60 a 70 cm; femmina da 58 a 65 cm

Vita media: da 12 a 14 anni

Pelo: lungo, fitto, ruvido

Colori: bianco e arancio, roano marrone

Caratteristiche: sopracciglia cespugliose, barba folta; olfatto molto sviluppato

Temperamento: sensibile, fedele, paziente ed equilibrato, intelligente; instancabile nelle camminate

Allevato per: cerca del tartufo e ferma della selvaggina; ideale per famiglie

Origine: Italia

SAETTA
IL CANE BAGNINO

Saetta è un Terranova di sei anni.
Ha il pelo nero, lungo, folto come una pelliccia, impermeabile.
Quando era un cucciolo, sembrava un grosso orsacchiotto nero di peluche, con un gran testone.
Si è affezionato presto ai suoi padroni, che abitano in una ridente località di mare, in una bella casa con un ampio giardino.

Saetta è cresciuto, pesa più di Simone: è arrivato quasi a sessanta chili!
Ha bisogno di tanto cibo, ma Simone sta attento a non farlo ingrassare! Gli dà ogni giorno la giusta dose di crocchette.

Per lo stesso motivo, Simone lo porta spesso a passeggio, arrivando anche fino alla spiaggia; fin da piccolo gli ha insegnato a non tirare il guinzaglio per strada, rimanendo fermo di fianco a lui.
-Fermo! Piano!

Saetta, quando cammina, ha un aspetto fiero e maestoso, regale, come un leone.
Tiene alta la coda e la sventola elegantemente come un soffice piumino.
Nonostante la mole, quando corre, è agile e veloce; dopo una lunga passeggiata si sdraia davanti alla ciotola e beve a lungo, come un cammello!

Quando Simone torna da scuola, Saetta si fa accarezzare, gli salta addosso con foga, lo lecca, anche sulle guance. Peccato che sbavi un po'!
A volte Simone finisce a terra con un ruzzolone...

Simone gli dà una buona spazzolata almeno due volte a settimana, per eliminare erbe, foglie, pezzetti di legno, che rimangono appiccicati al suo pelo quando si sdraia nel prato.
Saetta tenta invano di mordere la spazzola.
- Fermo! - grida Simone.

Saetta è giocherellone come un bambino: va matto per i palloni che trova nel prato; li addenta e corre all'impazzata, scuotendo il testone.
Simone lo rincorre, finché lui si acquatta e si fa prendere.
Saetta è stato educato a rispondere al richiamo e a riportare i giochini: viene sempre ricompensato con bocconcini o carezze.
-Vai! Vieni! Seduto! A terra! Zampa!

Gli piace stare sotto la pioggia, anche per ore: l'acqua gli scivola via in fretta.
Del resto, come tutti i cani della sua razza, Saetta ha molta confidenza con l'acqua!

All'età di un anno, specialmente durante le vacanze, Saetta faceva spesso il bagno con Simone e con la famiglia: prima a riva, poi nell'acqua bassa, infine nell'acqua un po' più alta. Simone gli lanciava vicino a riva oggetti galleggianti, che Saetta gli riportava.
- Bravo, Saetta! - Simone lo ricompensava sempre con una carezza o una crocchetta.
I Terranova hanno le zampe palmate e usano la coda come un timone: per questo sono dei perfetti nuotatori!

Tre estati fa, quando Simone si tuffava per gioco dal suo canotto e fingeva di essere in difficoltà, Saetta, che lo teneva d'occhio dalla riva, si buttava in acqua e lo raggiungeva in pochi secondi; Simone si aggrappava al suo dorso e si faceva trascinare fino al bagnasciuga.

Un giorno Lisa, la sorellina di Simone, stava giocando con la sabbia vicino alla riva. Urtata da un altro bambino, aveva perso l'equilibrio e aveva cominciato ad annaspare nell'acqua. Subito Saetta le si era avvicinato, l'aveva afferrata con delicatezza per la bretella del costume e l'aveva trascinata al sicuro.

Papi, - aveva detto Simone al papà - perché non iscriviamo Saetta a un corso di addestramento al soccorso in acqua? Così, quando sarò più grande, io e lui faremo i bagnini e salveremo la gente!
- Ci informeremo... intanto, facciamoci un bel bagno tutti insieme!

L'anno dopo, il papà di Simone si era effettivamente iscritto con Saetta a un corso di addestramento: alla Scuola per Cani da Salvataggio Saetta aveva imparato a nuotare in mare aperto controcorrente, a tuffarsi da un gommone, a trasportare a riva più persone in difficoltà, perfino a trainare una barca alla deriva!

SCUOLA CANI DA SALVATAGGIO

Del resto Saetta è un atleta, anzi, ora è un campione, con tanto di medaglia!
Quest'anno è stato protagonista del suo primo, vero salvataggio ed è finito sul giornale locale con una bella foto e un bell'articolo!

"Ieri il mare era molto mosso; un'onda ha travolto una donna. La burrasca la stava trascinando al largo e la donna in difficoltà rischiava di annegare.
Il Terranova dalla spiaggia si è buttato in acqua, l'ha raggiunta in pochi minuti ed è riuscito a trasportarla fino a riva.
La signora, riconoscente, appena si è ripresa ha abbracciato il suo salvatore e ha proposto un premio!"

Certamente Saetta ha davanti un futuro da bagnino!
E forse anche Simone!

SALVATAGGIO

TERRANOVA

Questa razza prende il nome dall'omonima isola canadese.
Molto probabilmente il Terranova discende da cani indigeni e dai molossi che i Vichinghi, fin dall'XI secolo, impiegavano per la caccia all'orso bruno.

Taglia: molto grande; molossoide, corporatura robusta e muscolosa

Peso: maschio da 60 a 70 kg; femmina da 45 a 55 kg

Altezza: maschio da 69 a 74 cm; femmina da 63 a 69 cm

Vita media: da 8 a 10 anni

Pelo: doppio, liscio, impermeabile

Colori: nero, bianco e nero, marrone

Caratteristiche: testa massiccia, orecchie pendenti; tende a sbavare; ha bisogno di grande spazio all'aperto

Temperamento: placido, gentile, docile, amichevole, intelligente; adatto a famiglie con bambini

Allevato per: compagnia, soccorso in acqua

Origine: Canada

NEVE
BIANCO COME LA NEVE

A dodici giorni era stato il primo, tra i suoi fratellini, ad aprire gli occhi!
Il pelo lungo e folto era bianco e soffice come la neve; per questo l'avevano chiamato proprio così: Neve!
Si era dimostrato presto un cucciolo curioso: esplorava senza paura ogni angolo dell'allevamento.

Cresceva sicuro e indipendente.
Per questo suo carattere era stato il primo della cucciolata a essere scelto da Pietro, un pastore che viveva in Abruzzo, che l'aveva condotto nella fattoria in montagna, vicino ai boschi di faggio.

Neve era cresciuto sotto la guida di tre cani adulti, che gli avevano insegnato ad avvisare in caso di pericolo e a rispondere bene ai richiami del padrone, per cui nutriva un profondo affetto.

Aveva imparato in fretta a fare la guardia all'abitazione, ai vitelli che pascolavano entro le recinzioni elettrificate e, soprattutto, a non aggredire gli agnelli e le pecore deboli. Il gregge era diventato la sua famiglia.
Ora, a cinque anni, era un giovane cane forte e ben proporzionato, di aspetto maestoso: un collaboratore sicuro, coraggioso e affidabile.

In estate accompagnava Pietro e il gregge ai pascoli più alti, in cerca di erba fresca e abbondante.
Salivano fino ai pianori tondeggianti, dove crescono il pino mugo e le genziane, dove regnano il silenzio e la natura incontaminata.
La quiete a tratti era interrotta dallo scroscio lontano di una cascata o dai versi del falco pellegrino e del gheppio.

A volte un movimento agile tra le rupi svelava la presenza del cervo o del capriolo.
Di giorno Neve aiutava Pietro e gli altri cani a radunare o a sospingere le pecore.
Ma dai boschi poteva arrivare un pericolo...

Una notte, mentre Pietro riposava nel rifugio, Neve, acquattato ai suoi piedi, era vigile come un fiero guardiano, con le orecchie mobili, pronte a cogliere il minimo rumore sospetto.

C'era un po' di nervosismo tra le pecore. Neve si era alzato sulle robuste zampe, in allerta, con la coda eretta: un segnale per l'eventuale nemico.
Aveva fatto un giro di corsa intorno al gregge...

Aveva puntato gli occhi nel buio, verso il margine del bosco...

Due lupi affamati, in cerca di cibo, si stavano avvicinando pericolosamente agli inermi animali.

Di solito i lupi andavano a caccia di cinghiali, di caprioli, di cervi.

Ma se non ne trovavano, si accontentavano di animali domestici e si avvicinavano alle abitazioni...

Pietro lo aveva raggiunto. Gridando, cercava con un bastone di allontanare i lupi, che ora mostravano i denti aguzzi.

- Via! Via!

Ma Neve aveva un carattere fiero e non era arretrato: aveva abbaiato furiosamente, finché i lupi si erano ritirati nel bosco.

Anche la primavera precedente, quando le pecore pascolavano ancora nei prati verdeggianti intorno alla fattoria, Neve aveva sventato una minaccia per il gregge.

Un'enorme sagoma tozza e tarchiata si era materializzata all'improvviso, sbucando da dietro una macchia di alberi.
Lì vicino le pecore brucavano tranquille...

Subito Neve aveva fiutato il pericolo e si era messo ad abbaiare per allontanare gli agnelli: l'orso, in prevalenza erbivoro, a volte non disdegna di cibarsi di piccoli mammiferi.

Il grosso animale si era alzato sulle zampe posteriori, minaccioso.
Ma poi aveva cambiato idea e, come infastidito, caracollando, era rientrato nella macchia da cui era sbucato.

Neve, come ringraziamento, aveva ricevuto solo una carezza ruvida dal suo padrone: ma ciò bastava al suo cuore fedele ed era tornato al suo compito di guardiano, alla vita sobria e semplice dei pastori d'Abruzzo.

CANE DA PASTORE MAREMMANO ABRUZZESE

Grandi cani bianchi da gregge, erano conosciuti già in epoca romana.

Il pastore maremmano abruzzese, come suggerisce il nome, era diffuso fin dai secoli scorsi sulle montagne dell'Appennino abruzzese e nella Maremma (Toscana), come guardiano nelle migrazioni stagionali delle greggi (transumanza).

Taglia: grande

Peso: maschio da 35 a 45 kg; femmina da 30 a 40 kg

Altezza: maschio da 65 a 73 cm; femmina da 60 a 68 cm

Vita media: da 11 a 14 anni

Pelo: lungo, ruvido, abbondante

Colori: bianco, crema

Caratteristiche: testa grande e piatta, orecchie pendenti

Temperamento: intelligente, determinato, indipendente ma amichevole

Allevato per: guardia al gregge e difesa

Origine: Italia

BUCK
UN CANE PER AMICO

Nel grande soggiorno di Villa Serena, la casa di riposo in cima alla verde collina, gli anziani ospiti, seduti in semicerchio, sono insolitamente vivaci.
Oggi, come ogni giovedì mattina da ormai tre settimane, c'è un'atmosfera speciale: fra poco arriverà un amico importante... a quattro zampe!

Quindici nonnini sono stati scelti per un progetto di "Pet therapy": ogni settimana, per un anno, avranno la possibilità di trascorrere un po' di tempo con Buck, un cane addestrato, di giocare con lui, di toccarlo, di parlargli, di osservare i suoi movimenti. I medici sono convinti che questa esperienza migliorerà la loro qualità di vita e il loro umore.

Villa Serena

Alle dieci in punto arriva Buck, accompagnato da Anna, la sua simpatica conduttrice.
Ed è subito festa!
Buck è un cane educato, ma soprattutto ha un'indole dolce.
È molto buono, si fida facilmente e sta volentieri anche con persone sconosciute.

- Buck! Saluta i tuoi amici! - lo invita Anna.
Buck agita subito la coda: vuole giocare e bisogna accontentarlo.

Il signor Gelindo, che di solito si muove poco, gli lancia la pallina gialla, che ha sempre tra le mani per tenerle in esercizio. Buck si lancia per rincorrerla, scivolando sul lucido pavimento, e la riporta al suo amico. Tutti ridono...

Nonno Luigi riceve poche visite; forse per questo è spesso di cattivo umore: parla poco con i suoi vicini, borbotta frasi incomprensibili e qualche volta risponde bruscamente agli infermieri.
Ma oggi, seguendo i movimenti di Buck, i suoi occhi sorridono e sembra più sereno!

La signora Maria, che da giovane faceva la pasticcera, tiene sempre nelle tasche della vestaglia qualche dolcetto, per chi andrà a trovarla. Con mano un po' tremolante scarta uno zuccherino e lo allunga al cane:
- Prendi, Buck!
Buck in un baleno spalanca la bocca e lo ingoia, si lecca i baffi e si mette in posizione per riceverne un altro.
La signora Maria gliene tira un altro: - Golosone!

Caterina e Franca sono due vecchine, ricoverate da qualche anno. Un tempo erano due chiacchierone, ma ora il loro sguardo è spesso perduto in lontani ricordi.
Di solito non sono attente a ciò che le circonda, ma, quando Buck si avvicina loro, lo carezzano, lo coccolano...
Buck si accuccia e si struscia sulle loro ciabatte.
- Guarda: mi scalda i piedi!

Il signor Sandro, ottantatré anni, si gira verso Giuseppe, il suo compagno di camera, e racconta:

- Una volta anch'io avevo due cani: Spillo e Nerina. Che fiuto avevano! In autunno andavamo in cerca di funghi e tartufi. Quante camminate tra prati e boschi! Partivamo all'alba e ritornavamo al tramonto. Bei tempi quelli!

Anche Giuseppe ricorda... - Anch'io ero affezionato al mio cane lupo. Faceva la guardia alla casa e alle dieci galline del mio pollaio. Quante volte ha fatto scappare i ladri di notte!

Mi manca... Meno male che ora abbiamo Buck da accarezzare!

- Io ho sempre desiderato un cane: mi sarebbe piaciuto allevare un cucciolo, occuparmi di lui la sera, al rientro dal lavoro - confida sottovoce il signor Carlo ad Anna- ma dovevo andare spesso all'estero e non potevo permettermi di averne uno... Gli animali ti tengono compagnia! Vieni, Buck!
Buck si avvicina per ricevere una carezza.

Mario, l'infermiere di turno, arriva spingendo un carrello, per distribuire acqua o tè a chi lo desidera.
- Iiihooo! Iiihooo!
Un giochino di gomma con il fischietto è finito sotto le ruote. Tutti ridono come bambini.

Il signor Guido si lamenta sempre dei suoi dolori alle gambe, ma, quando c'è Buck, per qualche momento li dimentica: si diverte a lanciargli i giochini, che Anna porta sempre con sé, per far divertire gli anziani e anche il suo cane, che va e viene da un ospite all'altro.

Dopo un'ora di gioco, Anna richiama il cane:
- Buck! Vieni! È ora di andare!
Anna saluta con un sorriso tutti i nonnini, ad uno ad uno: è giovane, allegra e simpatica; tutti già le vogliono bene.

Buck la accompagna nel giro dei saluti, scodinzolante, e si prende le ultime carezze tremolanti.
- Ciao, Buck, vieni ancora!
- Arrivederci alla prossima settimana!
- Ciao a tutti! State bene!

I nonnini continuano a chiacchierare tra loro.
Sono più sereni: hanno dimenticato per un po' i loro dolori, la stanchezza e la solitudine.
Buck ha funzionato come una medicina! È proprio un bel risultato!

CARLINO

Un cane molto simile al Carlino è raffigurato in antichi documenti cinesi. Verso il Seicento la razza viene importata dall'Asia in Europa, alla corte del re olandese; poi, nell'Ottocento, il Carlino diviene uno dei cani preferiti dalla nobiltà inglese.

Taglia: piccola

Peso: maschio 8 kg ca; femmina 6 kg ca

Altezza: maschio 30 cm; femmina 25 cm

Vita media: da 11 a 14 anni

Pelo: corto, liscio

Colori: nero, fulvo, albicocca, argento (raro)

Caratteristiche: muso schiacciato, grandi occhi rotondi, coda arricciata

Temperamento: amorevole, fedele, giocherellone, docile, attivo, attento

Allevato per: compagnia (specie di persone anziane), pet therapy

Origine: Cina

REX
LA GROTTA DEI GIGANTI

È ormai tarda sera. La signora Giulia cammina nervosamente avanti e indietro.

Finalmente si decide a prendere il cellulare e a chiamare il numero per le emergenze:
- Pronto? Sono Giulia Rossi... Chiamo da Boscoleto... Sono molto preoccupata: ieri mattina mio marito Damiano è partito per un'esplorazione in solitaria alla Grotta dei Giganti, in località Due Sassi, ma non è rientrato oggi, come previsto. Inoltre non è raggiungibile al cellulare... È abbastanza esperto, ma... temo gli sia accaduta una disgrazia!
- Signora, stia tranquilla! Attiviamo subito i soccorsi!

Vengono allertati i Carabinieri, i Vigili del fuoco, le squadre dei tecnici specializzati.

Fra i soccorritori c'è anche Marco. Appartiene da qualche anno all'Arma dei Carabinieri, nelle Unità Cinofile del Soccorso Alpino e Speleologico.

Nato in montagna, fin da ragazzo ha imparato a resistere alla fatica durante le lunghe camminate nei boschi, a muoversi in ambienti impervi; da giovane si è appassionato alle arrampicate e alle discese su pareti rocciose, persino su cascate di ghiaccio; sa muoversi nelle grotte e nei pozzi sotterranei.

Ora mette a disposizione la sua esperienza per salvare vite umane, rischiando, a volte, anche la propria, insieme al suo cane fedele.

-Driiin! Driiin!- Il telefono squilla nella notte anche nella sua abitazione.
Marco, dopo aver ascoltato il messaggio, indossa svelto la divisa: è abituato ad intervenire prontamente.
- Andiamo, Rex!

Rex è un pastore tedesco di tre anni, agile e forte, intelligente e coraggioso.
Fin da cucciolo, per due anni, è stato addestrato quotidianamente da Marco, che gli ha insegnato, attraverso il gioco ed il premio (una lode, una carezza, una manciata di crocchette), ad ubbidire ai comandi, ad affrontare circostanze diverse, ad abbaiare al ritrovamento di una persona nascosta...

Grazie al suo fiuto eccezionale, inizialmente è stato impiegato per un anno come cane poliziotto, poi è stato addestrato al più impegnativo soccorso alpino, in montagna o in grotta; insieme al suo conduttore ha imparato ad affrontare, senza agitazione, situazioni difficili: a salire su scale di ferro, su un elicottero, in seggiovia...

CARABINIERI

Ora Rex e Marco sono un'unità cinofila con tanto di brevetto!

In poco tempo, dopo l'allerta, sono nei pressi della Grotta dei Giganti, così chiamata per le dimensioni spettacolari delle sue stalattiti e stalagmiti, dalle forme e dai nomi curiosi: la "Piramide", il "Fungo", la "Giraffa"...
Marco e Rex entrano nell'ampia "sala" d'ingresso, da cui si diramano numerosi cunicoli, più o meno stretti e bui, che collegano cavità più ampie, da percorrere strisciando.

Nella grotta si apre pure una voragine profonda sedici metri: il Pozzo del diavolo, da discendere in "sicura" con la corda...
Le pareti grondano umidità e fa piuttosto freddo!

Sul posto arrivano immediatamente anche i tecnici dei Vigili del Fuoco, specializzati nel salvataggio di persone in pericolo, con l'attrezzatura necessaria, un elicottero e l'ambulanza con il personale sanitario.

Sono in tutto una trentina di soccorritori, pronti ad ogni evenienza: a manovrare barelle, ad allargare passaggi troppo stretti anche con l'esplosivo, a svuotare con le idrovore cavità allagate dall'acqua piovana...
Viene posizionato anche un cavo telefonico per la comunicazione tra l'esterno e l'interno della grotta.

Il campo base viene allestito in modo veloce e ordinato.
L'operazione potrebbe richiedere più giorni!

Marco, entrato nella Grotta con la sua squadra, libera Rex dal guinzaglio. Gli ordini sono brevi:
-Vai!

Il cane cerca la pista giusta aiutato dal suo fiuto eccezionale, segue la traccia...
Dopo poco si ferma in un punto: lì, il terreno è franato, forse a causa delle piogge torrenziali dei giorni precedenti; c'è un passaggio ostruito... Rex agita la coda, rizza le orecchie, esplora ancora con attenzione, infine abbaia in un modo particolare, che Marco riconosce come un segnale.
-Dai!

Il cane inizia con foga a scavare con le zampe: quasi certamente è il punto in cui lo speleologo è scomparso; si apre un varco, strisciando si introduce nel cunicolo stretto, scompare per qualche minuto... Infine ricompare con un guanto fra i denti. Abbaia: è il segnale che dà la certezza del ritrovamento!
Marco lo accarezza: -Bravo Rex!

Il carabiniere intanto ha avvertito le altre squadre di soccorso.

- L'abbiamo individuato!

Ora i tecnici si organizzano per allargare il passaggio e arrivare fino allo speleologo.

Finalmente, dopo tanto impegno, il signor Damiano viene raggiunto, aiutato a risalire e riportato in superficie. Per fortuna, non è grave: non è stato necessario neppure l'uso della barella!

Lo speleologo era scivolato in un tratto argilloso e poi era caduto per diversi metri in un cunicolo, a causa del cedimento del terreno; si era infortunato a un piede; inoltre aveva perso il cellulare e non era più in grado di comunicare e di raggiungere autonomamente l'uscita della grotta...

Appena trasportato al campo base, il signor Damiano, provato ma felice, viene rifocillato, riscaldato e visitato dal medico, che lo rassicura:
- Lei è in buone condizioni! Per fortuna non c'è nulla di rotto! Solo una slogatura al piede destro...
Ha solo bisogno di tornare a casa e di prendersi qualche giorno di riposo... E mi raccomando: la prossima volta si cerchi un compagno per l'esplorazione! Ora può salutare sua moglie!

La signora Giulia, con le lacrime agli occhi dalla gioia, lo attende commossa fuori dalla tenda.

Prima di tornare a casa, marito e moglie ringraziano calorosamente con una carezza il coraggioso Rex e il suo conduttore:
- Grazie, Marco! Il tuo è veramente un supercane!

CARABINIE

CANE DA PASTORE TEDESCO

Risultato di incroci fra cani da pastore, è stato selezionato per essere impiegato come cane da guardia, da difesa e da lavoro.
Le sue caratteristiche (forza, intelligenza, coraggio, equilibrio...) vengono definite ufficialmente in Germania alla fine dell'Ottocento.

Taglia: media; forte e muscoloso

Peso: maschio da 30 a 40 kg; femmina da 22 a 32 kg

Altezza: maschio da 60 a 65 cm; femmina da 55 a 60 cm

Vita media: da 9 a 13 anni

Pelo: corto o lungo, duro e compatto, con sottopelo

Colori: nero con focature rosse, nero, grigio sfumato

Caratteristiche: orecchie diritte, testa cuneiforme, coda pendente; olfatto sviluppato

Temperamento: intelligente e curioso, energico e coraggioso, obbediente

Allevato per: accompagnamento e guida, ricerca e soccorso,

Origine: Germania

Indice

CRUCIVERBA

Se risolverai correttamente il cruciverba, nella colonnina colorata leggerai il nome di una cosa che piace tanto al cane e al padrone.

1 - La fuma nonno Tobia

2 - La conduttrice di Buck

3 - Il nome proprio del cane bagnino

4 - La razza del cane da tartufo

5 - Il nome proprio del cane da pastore

6 - Dove si formano stalattiti e stalagmiti

7 - Un insieme di pecore

8 - Il nome proprio dello spinone

9 - Come si chiama la nonnina pasticcera

10 - Un fantastico fungo bianco e profumato

11 - La razza del cane amico dei nonnini

Al cane e al padrone piace tanto fare la

_ _ _ _ _ _ _ _ _ _ _